www.tredition.de

Sherri Lyons-Halmer

Die Sprachbürgerschaft

Gedichte und anderes Zeug

© 2018 Sherri Lyons-Halmer

Verlag: tredition GmbH, Hamburg

ISBN
Paperback: 978-3-7469-0030-8
Hardcover: 978-3-7469-0031-5
e-Book: 978-3-7469-0032-2

Sherri Lyons-Halmer

Die Sprachbürgerschaft

Gedichte und anderes Zeug

Für Mama, Maria Halmer, die beste

Schwiegermutter ever!

Inhaltsverzeichnis

Auf jeder Seite gibt's was

Ein paar Zeilen,

Eine Idee oder zwei.

Was Du auf Seite 17 findest

Wird anders sein als das was Du

auf Seite 27 entdeckst.

Jetzt kennst Du Dich aus.

Es kann losgehen.

So sein

Sei so gut

Sei so lieb

Sei vorsichtig

Sei froh

Sei dankbar

Sei gegrüßt

Sei still

Sei so lieb

Sei so gut

Wirtschaft, Standort, Stillstand

Wirtschaftsstandort

Wirtschaftlicher Stillstand

Wirtschaftsstillstandort

Ort des wirtschaftlichen Stillstands

Standort der stillen Wirtschaft

Wirtsstand stillt Ortschaft.

Der Wirt stand dort still.

Das Wort schafft Wirtsstandstille.

Geschlossen stand dort.

Ort stand wirtschaftlich still.

Stiller Ort, Wirtschaft fort:

wirtlos, wortlos, ruhig.

Formular formuliert

Ich fülle mich in BLOCKSCHRIFT aus.

Ich beantworte alle meine Fragen.

Ich trage meine Daten ein.

Ich streiche mich zutreffend durch.

Hier kreuze ich mich an.

Da kreise ich mich ein.

Nun bin ich vollständig ausgefüllt.

Ich unterschreibe und gebe mich ab.

Ich bin eine gelungene Amtshandlung.

So wie er es macht

Kratzend, bohrend, saugend, summend

Kratzend, saugend, bohrend, summend

Bohrend, kratzend, saugend, summend

So arbeitet mein Zahnarzt,

immer summend.

Wie wenn er zu Hause

im Garten

sein Gemüsebett

jäten tät.

Silbenschwund

R

Gl

Kr

Am

Bügel

Diagnose: Eisenmangel

Grammatikübung

Falsch liegen, im Abseits stehen,

daneben sein, im Dunkel tasten.

Ich liege falsch.

Er steht im Abseits

Du bist daneben

Ich taste im Dunkel

Ich liege im Dunkel

Du stehst falsch

Er ist im Abseits

Ich taste daneben

Ich stehe daneben

Du bist im Dunkel

Er tastet falsch

Ich liege im Abseits

Ich taste im Abseits

Du liegst daneben

Er ist falsch

Ich stehe im Dunkel.

Nimmerrosen

Auf dem Rosenberg ins Rosenthal

Von Rosenstadt ins Rosenheim

Mit Rosenstock über Rosenstein

Am Rosenbaum zum Rosenzweig

Vom Rosenblatt zum Rosenblum

R o s e n k r i e g

Mit Rosenkranz aufs Rosengrab

Rosentotenstille

Auf einmal

hießen

die Nachbarn

Nimmerrosen

Duden Deklination

Du den

Du der Du die Du das Du die

Du des Du der Du des Du der

Du dem Du der Du dem Du den

Du den Du die Du das Du die

Duden

Handwerk

Übersetzer

übertragen und

festnageln

den Sinn.

Weshalb

der Besitz

eines charakterfesten

Hammers

nie schaden kann.

Kurzmeldung

Es fehlt

Es fe lt was

Es feh t was

Es f hlt was wirklich

Es fehlt nichts mehr.

Geht schon.

Weiter geht's.

Die Bergläuferin

(für Andrea)

Der Berg, der Lauf

Die Strecke: bergauf

Die Lust, die Neigung

Der Hang, die Steigung

Waldweg, Asphalt

Engpass, kein Halt

Bergfrische, naturnah

Wettkampf, verausgabt

Zieleinlauf, Spitze!

Siegerin sitze

Ehrung lief ab

Auslauf, bergab

Erinnerungslücke

Du, ich bin hier oben

auf der Eselsbrücke,

weiß aber

jetzt nimmer

was ich

eigentlich

da

wollte.

Fremdenfeindlichfremd

Ein Feindbild ist uns fremd.

Feine Fremdenbilder gibt es hier.

Wir sind durchaus fremdenfreundlich.

Wir fördern den Fremdenverkehr.

Wir werden dadurch bereichert.

Fremdenfeindlich? Von wegen!

Wir lieben unsere Fremden.

Manche nennen wir Freunde.

Wir haben einige Fremdenfreunde.

Welche Fremden sollen da unsere Feinde sein?

Nun gut, nicht alle können Freunde sein.

Das sind Fremde, die nichts leisten.

Das sind faule Fremde,

die keine Arbeitsfreude aufbringen.

Man sieht's ihnen an.

Solche Fremden können wir nicht brauchen.

Feinde habe ich nicht gesagt.

Das sind eben ganz fremde Fremde.

Fremdenfeindlich sind wir schon lang nicht.

Eher fremdenfreundlich, wirklich.

Wir fördern den Fremdenverkehr,

weil wir dadurch bereichert werden.

Man sieht es uns doch an.

Die Sprachbürgerschaft:
Ein Dialog

Grüßgott! Ich habe Sie schon öfters gesehen.
Was machen Sie denn hier in unserer Sprache?

Ich lebe schon seit einigen Jahren hier und tue
viel lesen und auch einiges schreiben.

So? In welcher Sprache sind Sie denn gebo-
ren?

In der amerikanischen.

Haben Sie dort gelernt in dieser Sprache zu le-
ben?

Nein, erst als ich hier war.

Wie sind Sie auf diese Sprache gekommen?
Ich meine ist nicht gerade die Amerikanische
die Sprache der unbegrenzten Möglichkeiten?

Na ja, es hat sich halt so ergeben, dass ich
hierher gelandet bin, zuerst auf Besuch und
dann auf Dauer. Und die Amerikanische ist
doch nicht all das, was sie so verspricht, mei-
ner Meinung nach.

Aha. Wie lange leben Sie schon da?

15 Jahre ungefähr.

Und Sie schreiben schon in unserer Sprache?

Ja.

Aber meinen Sie denn diese Sprache hier, die
vielen Worte, die anspruchsvolle Grammatik,
schon so gut zu können, dass Sie auch darin
schreiben können? Ich meine, das können
eben viele nicht, die hier in dieser Sprache auf-
gewachsen sind.

Na ja, mit der Sprache und ihren Sprechenden
komme ich ganz gut zurecht, denke ich.

Haben Sie die Sprachbürgerschaft überhaupt?

Wie bitte?

Die Sprachbürgerschaft, dass Sie völlig
Sprachberechtigt sind. Haben sie so was
nicht?

Nein, diese Auskunft ist mir absolut neu.

Na dann kann ich mir schwer vorstellen, dass
Sie hier schreiben dürfen.

Meinen Sie?

Na ja, Sie sind vielleicht eh kompetent aber
man muss halt Grenzen ziehen, wissen Sie.
Sonst würde ein jeder, der zu uns kommt,
glauben, dass er sich gleich in unserer Sprache
mitmischen kann. Was schreiben Sie denn so?

Ich mache gern Wortspielereien.

Das trauen Sie sich? In dieser Sprache, in der
sie gar nicht geboren sind. Ohne sprachlicher
Erlaubnis? Haben sie mindestens eine
Sprachbewilligung?

Sprachbewilligung?

Um Gottes willen, sagen Sie, Sie kennen das
auch nicht? Nicht nur dass sie sprechen, lesen
und schreiben ohne jede Hemmung, sie haben
sich noch gar nicht mit der rechtlichen Sprech-
lage beschäftigt. Eine Frechheit eigentlich.
Genau auf solche Eindringliche wie Sie müs-
sen wir uns in dieser Sprache genau achten.
Sie kommen rein in die Sprache, bilden Sie
sich ein, sie könnten die Sprache auch besser
machen, mischen Sie sich überall ein und mei-
nen, Sie dürften auch noch in unserer Sprache
spielen. Und das alles noch ohne Sprachbür-
gerschaft oder gar Sprachbewilligung. Sie sind
vielleicht ein Sprachanarchist oder Anführer
einer Sprachensekte.

Ich fürchte ich muss Sie anzeigen. Tut mir
leid.

Bei wem wollen Sie mich anzeigen?

Bei der Sprachpolizei! Ich gehe sofort aufs
Sprachwachamt. Auf Wiedersehen.

39

Eine Amerikanerin in Stress

Entschuldigung! Ist das hier Ihre Sprache?

Ihre Sprache hier?

Sie können die Sprache bewegen? Bitte.

Können Sie bewegen Ihre Sprache?

Die Sprache ist hier am Weg.

Im Weg, verstehen Sie?

Ihre Sprache ist hier im Weg.

Wir wollen hier gehen durch.

Sie bewegen die Sprache?

Wir… Danke. Danke schön.

(ein Übersetzungsversuch)

Excuse me! Is this your language here?

Your language here? (pointing)

Can you move it, please?

Could you move your language?

The language is in the way.

It's in our way, do you understand?

Your language is in the way.

We want to get through here.

Will you move your language?

We… thank you. Thank you.

Wohnungssuche

Unbefristete

Ablösefreie

Repräsentative

Hauptmiete

In Ruhelage

Schon gestern vergeben

Aufzählung

Eint

Zweig

Dreist

Firma

Fünfer

Sekt

Sieb

Achtung

Neuen

Zehen

Gedicht

Wenn der Ernst Jandl

mein Opa gewesen wäre,

Hätte er zu mir gesagt:

Na?

Das wäre ein Traum gewesen.

Language Reform

What kind of language is that?

Where did you get that?

Vom Kindergarten?

In der Schule?

Spuck dir das sofort aus dem Mund!

Wasch dir das sofort aus dem Kopf!

Don't you bring that kind of language in here.

Zieh dir diese Sprache sofort aus.

Gib sie gleich in die Waschmaschine.

Zieh dir eine frische Sprache an

Und mach sie ja nicht schmutzig.

It's high time you cleaned up your language.

Diese Sprache passt dir doch viel besser.

Die ist schön, korrekt, präzis.

Pass auf auf deine Sprache, hörst du?

Ich werde dir nicht jeden Tag eine

Frische Sprache verpassen können.

So just watch your language and
Stay out of trouble.

Deutsch als Fremdsprache

Deutsch als Fremdsprache

Deutsch als Sprache einer Fremden

Fremdes Deutsch als Sprache

Fremde Sprache Deutsch

Sprachfremdes Deutsch

Deutschsprachige Fremde

Deutsche Fremdsprache

Deutsche Sprache als fremd

Fremdensprache Deutsch

DaF

Begrenzter Optimismus

Es

Es wird

Es wird schon

Es wird schon werden

Es wird schon vorübergehen

Es wird schon bald vergessen werden

Es wird schon bald nicht mehr existieren

Es wird schon besser werden

Es wird schon werden

Es wird schon

Es wird

Es

Vorschlag

Ich werde dich morgen

Zur Vernunft bringen.

Dort steigst du dann ein

und drehst ein paar Runden.

Sobald es dir einleuchtet,

bist du angekommen.

Am Ziel bekommst du

eine herrliche Einsicht.

Sind, was wir tun; tun, was wir sind

An der Oberfläche kratzen

Wir sind Oberflächenkratzer

Nur an der Oberfläche kratzen

Wir sind nur Oberflächenkratzer

Nur mehr an der Oberfläche kratzen

Wir sind nur mehr Oberflächenkratzer

Schade.

Befund

Cholesterin: hoch

Eisen: hart

Der Tee: lau

Der Morgen: grau

Die Toleranz: mäßig

Die Aussichten: trüb

Ein recht normaler Zustand

Pilgern

Pilgern

Pilgerne

Pillieber

Pilamliebsten

Pilungern

Pilnichtmehr

Pilaus

Verpilgert

Unvollendet

Auf die

Schlafplätze,

schlaffertig,

schlaflos.

Schlafsinnig

Schlafsinn

Schlafschluss

Feststellung

There is so much

that you can't know,

don't know,

won't know.

Es ist so.

Eine Verstandsbrille

Siehst?

Siehst du?

Siehst du was?

Siehst du was ich meine?

Nicht.

Natürlich nicht.

Du siehst natürlich nicht was ich meine.

Habs doch gewusst.

Kategorisierung

Dichter / Gedichte

Lyriker / Lyrik

Journalist / Journalismus

Schriftsteller / Romane

Ich / schaue nur, danke

Lieblingsnonsens

Ich bin der Meinung, dass lediglich, schluss-
endlich sicherlich gesagt werden muss, dass
definitiv keineswegs, so etwas, wie ich es so-
eben formuliert habe, nochmals wiederholt
werden darf.

Stadtlebensbericht mit Vorschau

Heute:
In der Früh erwartet Sie kühl
aufrollende Menschennebel
aus dem Südosten, der sich
im Lauf des Tages auflo-
ckert.

Dienstag:

Heftige Frustschauer werden
vor allem am Stadtrand erwar-
tet, die sich gegen Mittag auf
das ganze Stadtgebiet ausdeh-
nen werden. Durchgehend
Frust bis Abend. Vorsicht im
Straßenverkehr! Erst in der
Nacht ist mit Auflösung und
klarem Verstand zu rechnen.

Mittwoch:

Weiterhin bleibt die Stadt
dicht bevölkert. Milde Ge-
mütsströmung aus dem Wes-

ten sorgt für eine stabilere Wirtschaftslage und wärmere Beziehungstemperaturen.

Donnerstag und das Wochenende

Gegen Ende der Woche wird die städtische Stimmung allmählich heiterer. Vor allem am Samstag kann mit sonnigen, gut gelaunten Mitmenschen gerechnet werden. Reges Nachtleben mit einigen Promiblitzen ist in der Innenstadt wahrscheinlich. Sonntags sind vereinzelte Familiengewitter und eine allgemeine Abkühlung nicht auszuschließen.

Woher ich anrufe

ICH BIN

HIER OBEN

AUF DER

ESELSBRÜCKE

(Nur kann ich mich jetzt nimmer erinnern,

was ich eigentlich da wollte.)

BITTE UM RÜCKRUF

Schlussgedicht

Ende

Bilde ein Ende

Bilde ein Ende ein

Bild Ende ein ein

Bildende ein

Bildende aus

Einbildende

Ausbildende

Ende

Aus.